Randy Gage

37

SEGREDOS DA PROSPERIDADE

Descobertas reveladoras sobre
como ter a vida que você sempre quis

Tradução
DENISE DE C. ROCHA DELELA

CB017361

EDITORA CULTRIX
São Paulo

A Editora Pensamento-Cultrix Ltda. não se responsabiliza por eventuais mudanças ocorridas nos endereços convencionais ou eletrônicos citados neste livro.

Dados Internacionais de Catalogação na Publicação (CIP)
(Câmara Brasileira do Livro, SP, Brasil)

Gage, Randy
   37 segredos da prosperidade : descobertas reveladoras sobre como ter a vida que você sempre quis / Randy Gage ; tradução Denise de C. Rocha Delela. -- São Paulo : Cultrix, 2006.

   Título original: 37 secrets about prosperity.
   ISBN 978-85-316-0929-9

   1. Auto-ajuda -- Técnicas 2. Auto-avaliação 3. Autoconsciência 4. Auto-realização 5. Felicidade 6. Sucesso I. Título.

06-1534   CDD-158

Índices para catálogo sistemático:
1. Êxito e prosperidade : Psicologia aplicada 158

O primeiro número à esquerda indica a edição, ou reedição, desta obra. A primeira dezena à direita indica o ano em que esta edição, ou reedição foi publicada.

Edição	Ano
2-3-4-5-6-7-8-9-10-11	07-08-09-10-11-12-13

Direitos de tradução para o Brasil
adquiridos com exclusividade pela
EDITORA PENSAMENTO-CULTRIX LTDA.
Rua Dr. Mário Vicente, 368 – 04270-000 – São Paulo, SP
Fone: 6166-9000 – Fax: 6166-9008
E-mail: pensamento@cultrix.com.br
http://www.pensamento-cultrix.com.br
que se reserva a propriedade literária desta tradução.

Este livro é dedicado a
Cyndy Bressler, a Alicia Gregg e a Ford Saeks.

Agradecimentos

Eu gostaria de expressar toda a minha gratidão pelos membros do Conselho da Mastermind, o meu grupo seleto de clientes, sócios e colegas de trabalho. É a minha associação com vocês que inspira a minha criatividade, o meu senso de propósito e o meu modo de ver a vida. Dou grande valor à nossa interação e espero que ainda tenhamos pela frente muitos anos de desafios, aventuras e crescimento pessoal.

Introdução

Prosperidade é uma coisa engraçada. Embora as pessoas conheçam a palavra, poucas entendem o que ela realmente significa e pouquíssimas estão a par dos segredos que a levam a se manifestar na nossa vida. No entanto, depois que conhecemos esses segredos, um mundo completamente novo se abre diante dos nossos olhos. A saúde, a felicidade e o dinheiro exercem um efeito muito peculiar sobre nós. Eles nos fazem pular da cama pela manhã cheios de entusiasmo e energia; deixam que fechemos os olhos, toda noite, com um sentimento de paz e harmonia; e transformam cada dia da nossa vida numa verdadeira aventura.

Sinto-me uma pessoa abençoada por ter desvendado esses segredos da prosperidade e descoberto a minha verdadeira missão na vida, que é dividi-los com você. Agora, eu lhe passo essa responsabilidade.

Agora é a sua vez. Alguém perto de você precisa dessa informação. Portanto, a próxima aventura cabe a você...

Em meio à jornada,

Randy Gage
Hollywood, Flórida

1

Você não vai conseguir dar mais do que o universo

Esse é o primeiro segredo básico da prosperidade — um segredo de que quase ninguém se dá conta. As pessoas acham que prosperidade é algo que alguém dá a elas; elas nunca se preocupam em entrar em sintonia com a verdadeira energia que circunda essa prosperidade.

Tudo no universo se baseia no princípio da troca. Acontece que você nunca recebe na mesma proporção em que dá. Você recebe muito mais! Geralmente umas dez vezes mais. Por isso, quando você semeia sementes do bem, recebe em troca um bem mil vezes maior.

Isso vale para o dízimo que você paga, para o amor que dá e para todo bem que faz aos outros e a si mesmo. Por mais que tente, você não vai conseguir dar mais do que o universo.

Portanto, saia por este mundo afora fazendo o bem, ajudando quem precise e sendo mais gentil com o caixa do banco, mesmo depois de enfrentar uma fila quilométrica. Uma prosperidade muito maior cruzará o seu caminho!

# 2

O único queijo grátis é o da ratoeira

Este título pode parecer piada, mas, na verdade, ele é um resumo muito profundo e conciso de como operam as leis da prosperidade.

Você não fica rico ganhando na loteria, herdando uma herança ou descobrindo petróleo no quintal. Essas coisas podem acontecer às pessoas pobres e de fato proporcionam riquezas temporárias. Mas essa riqueza ou não se mantém ou essas pessoas não conseguem conquistar a verdadeira prosperidade de graça. Sempre existe um preço a pagar; estou me referindo à troca que mencionamos ao tratar do primeiro segredo.

Grande parte desse preço que você paga para ser próspero consiste em se tornar uma pessoa que trata a prosperidade com responsabilidade. Estudos deixam cada vez mais evidente que a maioria das pessoas pobres que ganham uma grande bolada na loteria voltam a ficar pobres e miseráveis dez anos depois. E estamos falando de pessoas que ganharam dez, vinte ou até mesmo quarenta milhões de dólares! Elas ganham dinheiro, mas não têm a consciência da prosperidade. Por isso o dinheiro vira fumaça e os outros elementos da prosperidade nunca chegam a se manifestar.

Nada se obtém de graça. Se você não devolve o troco que lhe deram a mais, faz uma ligação clandestina no poste para poder assistir à TV a cabo de graça ou surrupia uma revista da banca de jornal quando ninguém está olhando, você só está acumulando karma. E um dia terá de resgatar esse karma. As pessoas prósperas nunca se preocupam em obter nada de graça. Elas estão sempre dispostas a dar algo em troca.

3

As pessoas prósperas não são fanáticas religiosas

Embora as pessoas prósperas não sejam necessariamente religiosas, elas são profundamente espiritualizadas. Compreendem que a obsessão por dogmas e doutrinas é algo que só as afasta da sua verdadeira natureza. Existe uma simplicidade elegante no caminho da prosperidade que liga o sonho à manifestação. E a verdadeira prosperidade inclui a todos nós; ela não deixa ninguém de fora.

4

A prosperidade não é algo que você encontre por acaso. Esse é um encontro muito bem planejado

Tudo bem, de vez em quando você pode até ficar sabendo de alguém que herdou uma grande herança ou ganhou uma bolada na corrida de cavalos. Mas a verdadeira prosperidade — aquela que perdura — é resultado de um processo muito deliberado. A prosperidade não é algo que você encontre por acaso numa esquina. Esse encontro é algo muito bem planejado.

Você primeiro se torna uma pessoa próspera na sua cabeça; depois manifesta essa prosperidade no plano físico, tornando-se o tipo de pessoa que atrai a prosperidade.

5

Você constrói a prosperidade com palavras

Ou, para ser mais específico, com as palavras que você diz. Eu sempre fico abismado quando vejo as pessoas afirmando as coisas mais negativas que já vi. Um amigo meu me telefonou outro dia para dizer que havia batido o carro numa árvore. Ele me disse, "Toda vez que as coisas começam a ir bem para mim, acontece algo para atrapalhar". Mas é claro que acontece; ele programou essa crença lá no fundo do seu inconsciente, que manda a ordem para que ela aconteça no domínio físico.

Pense em quantas vezes coisas boas acontecem e as pessoas dizem coisas do tipo, "Uau! Não dá nem pra acreditar! Eu nunca ganhei nada antes!" Depois algo ruim acontece. Elas quebram um prato, deixam algo cair no chão ou levam um fora e logo dizem, "Eu sabia que isso ia acontecer!" E eu digo, "Mas é claro que ia!"

Eu ouço as pessoas dizendo coisas do tipo, "Todo inverno eu pego pelo menos três resfriados". Eu costumava dizer, "Pelo menos uma vez por ano, minha coluna sai do lugar". E ela de fato saía. "Mas, depois que eu parei de fazer essa afirmação, há uns nove anos, isso não voltou a acontecer."

Algumas pessoas falam de si mesmas nesses termos aviltantes porque querem parecer educadas ou acham que isso vai ajudá-las a se entrosar. Afirmações do tipo, "Eu estou sempre atrasado e sem um tostão no bolso" é algo que sempre agrada às pessoas fracassadas. Mas elas também repelem a prosperidade e passam a ser profecias que acabam por se concretizar. Portanto, se você quer atrair prosperidade com as palavras que diz, por que não faz afirmações positivas como esta:

"Eu atraio dinheiro como um ímã!"

6

A saúde, o amor, a felicidade e o dinheiro são infinitos

Se você dá um abraço em alguém, isso reduz a quantidade de abraços que você ainda pode dar? É claro que não. Na verdade, se você é conhecido como uma pessoa que gosta de abraçar, é provável que atraia muito mais abraços.

As coisas que compõem a verdadeira prosperidade, como a saúde, o amor, a felicidade e o dinheiro, são infinitas e de fato engendram a sua própria expansão.

Quanto mais amor você dá, mais amor atrai para você. Quem esbanja saúde a cada dia fica mais saudável. A felicidade funciona da mesma forma. Como você não pode esgotar o universo, o dinheiro que você faz circular cria a sua própria energia, que acaba fazendo com que esse dinheiro se multiplique e um dia volte para você. Trata-se de um ciclo que se repete indefinidamente.

7

A prosperidade funciona com base no princípio do vácuo

A natureza detesta o vácuo e sempre o preenche com o bem. O universo não pode pôr nada na sua mão, enquanto você não largar o que está segurando. A melhor maneira de atrair algo positivo é soltar o negativo e criar um vácuo para o bem.

Se você quer algumas roupas novas, é melhor limpar o guarda-roupa primeiro e doar algumas roupas velhas para a campanha do agasalho. Se você está em busca da sua alma gêmea, precisa antes romper o relacionamento problemático que você tem. Se você não está atraindo toda prosperidade que quer, pergunte a si mesmo se não está agarrado a algo do qual deveria abrir mão.

8

As pessoas pobres são as que têm mais obsessão por dinheiro

As pessoas da classe média ou baixa vivem falando que os ricos têm fixação por dinheiro. Muitas delas acreditam que os ricos só pensam em dinheiro. Nada poderia estar mais longe da verdade. Na realidade, as pessoas pobres pensam muito mais em dinheiro do que as ricas.

Isso é o que os psicólogos chamam de "projeção". Ou seja, as pessoas projetam os seus próprios medos, preconceitos e motivos nas outras.

Justamente por não terem dinheiro, as pessoas pobres pensam nele o tempo todo. Eu me lembro de quando eu não tinha um centavo; não conseguia pensar em outra coisa. Se o telefone tocava, eu me perguntava se não seria um cobrador. Quando ia a algum lugar de carro, ficava preocupado com a possibilidade de o meu carro quebrar e eu não ter dinheiro para consertá-lo. Eu via pessoas com carros e roupas chiques e morria de inveja. Ficava me perguntando o que elas teriam feito para merecer aquilo.

Eu estava sempre fazendo malabarismos com as contas, negociando dívidas e imaginando como iria conseguir pagar as contas do mês seguinte. Eu estava tão obcecado por dinheiro, que tudo de ruim que me acontecia eu atribuía à falta de dinheiro.

Agora que eu tenho dinheiro, raramente penso nele. O dinheiro é um dos lubrificantes que realçam a vida e ampliam as experiências que vivemos. Depois que o dinheiro deixa de ser um "problema", você passa a usufruir os benefícios que ele traz, sem tanta ansiedade.

9

Você pode pedir o que acha que quer, mas só vai conseguir o que realmente quer

Quando eu rezo por alguém, ou por mim mesmo, em vez de pedir por algo específico, eu sempre peço pelo bem maior. Se você busca uma determinada coisa, é melhor sempre acrescentar: "isso ou coisa melhor".

Na infância, eu achava que adorava camarões. Agora que sou adulto, sei que gosto de camarões, mas o que eu realmente adoro é coquetel de camarão. Nós muitas vezes deixamos que acontecimentos passados, a nossa bagagem emocional e coisas assim atrapalhem o nosso poder de julgamento. Achamos que queremos uma coisa quando o que realmente queremos é algo bem diferente. Isso pode ser bom ou ruim.

Nos primeiros trinta anos da minha vida, eu achava que queria ser milionário. Na realidade, o que eu queria de fato era ser uma vítima e conquistar a simpatia das pessoas à minha volta. Foi só quando eu quis deixar de ser vítima para ser milionário que as coisas realmente aconteceram.

10

O instrumento mais eficaz para a prosperidade é a sabedoria

Se o tolo logo perde o dinheiro que tem (isso é fato), é evidente que um homem ou mulher de sabedoria logo atrairão a prosperidade para eles. E isso também é fato.

Se você quer uma grande fortuna, busque primeiro uma sabedoria incomum.

11

A prosperidade é um direito nato e uma condição natural

Se não temos saúde, nem felicidade, nem dinheiro, é porque nos desviamos do caminho e perdemos o contato com a nossa verdadeira natureza.

A saúde é o seu estado natural. É só quando você está fora de sintonia que a doença invade o seu corpo. Quando chegou neste mundo, você era uma pessoa feliz. A infelicidade é uma escolha consciente, que requer de você uma decisão. A infelicidade não é natural e também não é saudável.

Do mesmo modo, você também nasceu para ser rico. Viver com dificuldades não é algo nobre, natural ou necessário. Quando você vive a sua vida em concordância com as leis universais da prosperidade, a abundância chega até você tão naturalmente quanto o orvalho umedece as flores.

12

A prosperidade se manifesta a partir do éter à nossa volta

O universo supre todas as nossas necessidades. A prosperidade está no éter à nossa volta. Assim como um soldado esperando por uma ordem, a prosperidade mantém vigília, enquanto aguarda o momento de se manifestar.

As IDÉIAS são o veículo que o homem usa para manifestar, a partir do éter, a prosperidade no plano físico.

13

Depois que você descobrir qual é a sua missão, a prosperidade descobrirá você

Depois que você começar a fazer o trabalho que nasceu para fazer, o universo o recompensará com o bem. É assim que funcionam todas as leis universais, sem exceção.

Quando você cumpre a sua missão, faz isso com paixão, entusiasmo e dedicação. E como você já nasce com a intenção de cumpri-la, o seu desempenho é extraordinário, o que atrai resultados extraordinários.

Todas as pessoas, no nível subconsciente, estão em busca da sua "jihad". Ou seja, uma causa, um movimento ou uma visão que seja maior do que elas mesmas. Quando você está na sua missão, as pessoas sentem esse poder e querem participar dela. Você atrai pessoas poderosas que dividem a prosperidade delas com você.

14

Quando você tem um sonho forte e pujante, o universo se curva à sua vontade

Essa é uma daquelas coisas que as pessoas alheias às leis da prosperidade demoram para entender e, principalmente, para acreditar. Mas, no seu nível mais fundamental, TUDO no universo se resume a uma vibração energética. E as vibrações energéticas são certamente sensíveis a outras vibrações energéticas e reagem a elas.

Portanto, você pode, sim, atrair prosperidade para você, assim como pode fazer com que apareça uma vaga no estacionamento, o elevador chegue ou surja uma vaga no hotel para você.

Quando você tem um sonho imperioso e uma forte crença nesse sonho, você atrai parceiros, manifesta recursos, influencia o mercado e cria uma completa montanha-russa de reações para concretizar esse sonho.

15

A sua prosperidade estará dentro da média de prosperidade dos seus cinco amigos mais chegados

Isso é tão previsível que sempre surpreende as pessoas que não conhecem as leis da prosperidade. Pense nas cinco pessoas mais próximas de você na sua vida; some o que elas ganharam no último ano e divida por cinco, para saber o quanto você ganhará este ano.

E isso não funciona só com dinheiro...

Isso é operar dentro das várias leis da prosperidade, e vale para todos os campos. Observe os relacionamentos, a saúde e a felicidade das pessoas mais próximas a você e você perceberá que está na média.

16

A fé bebe a prosperidade na fonte

Nós sabemos que as idéias são os conduítes pelos quais transformamos, a partir do éter, a prosperidade em manifestação no plano físico. Mas isso não vai acontecer se não acreditarmos também.

Precisamos ver o bem, buscar o bem e acreditar no bem para que ele possa se manifestar. As pessoas menos talentosas, mas de fé inabalável conquistam as coisas com mais facilidade e rapidez do que as mais habilidosas, mas destituídas de fé.

17

A prosperidade não pode existir sem o dinheiro

Se você é próspero, você é:

1) Saudável
2) Feliz
3) Rico

Se apenas dois dos três itens acima se aplicam a você, isso não é de todo mal, mas não é prosperidade ainda. A verdadeira prosperidade é composta dos três.

Algumas pessoas ricas são doentes, amargas e solitárias. Elas não são prósperas. Seguindo os mesmos termos, se você é saudável, espiritualizado e bem casado, mas tem de suar muito para pagar as contas todo mês – você certamente não é uma pessoa próspera. A prosperidade inclui tudo.

18

Aquilo que as outras pessoas chamam de desafios são experiências que moldam o nosso caráter e trazem prosperidade

Não estou querendo dizer que a prosperidade seja algo difícil, que nos escape por entre os dedos. Ela não é. Mas só se manifesta na vida daqueles que estão no caminho certo e que se transformaram no tipo de pessoa que são capazes de atraí-la.

Para a maioria das pessoas, grande parte desse processo consiste em enfrentar os desafios necessários para moldar o próprio caráter e desenvolver sabedoria. Você conquista sabedoria com os erros dos outros e com os seus próprios erros. Quanto mais aprender com os erros das outras pessoas, menos erros você precisará cometer. Mas todos nós temos algumas lições que precisamos aprender.

Aqueles que têm consciência de prosperidade entendem isso muito bem e acolhem esses desafios com os braços abertos, sabendo que eles são degraus necessários para que eles se tornem quem precisam ser.

19

O universo sempre recebe o dízimo a que tem direito

Você pode dar o dízimo com alegria, amor e gratidão à sua fonte de sustento espiritual, ou pode vê-lo ser tirado de você na oficina mecânica, no consultório médico ou nos tribunais. Mas, com a mesma regularidade com que as marés sobem e descem, o universo sempre recebe o dízimo a que tem direito.

20

Os seus sonhos têm de ser tão grandiosos quanto você

Pensar pequeno não beneficia nem você nem o universo. A humildade é uma virtude, mas a falsa modéstia e a recusa em aceitar o seu bem maior são comportamentos contrários à prosperidade. Os músculos que não se exercitam acabam se atrofiando e o mesmo acontece com os sonhos e ideais.

A sua visão do futuro tem de ser ampla, audaciosa e criativa, caso você queira mesmo que ela se manifeste. Você precisa do forte impulso proporcionado por um sonho grandioso para conseguir dar uma arrancada na vida. Esse sonho tem de ser tão potente que o faça pular da cama pela manhã, cheio de entusiasmo e expectativa.

21

A prosperidade deixa pistas por onde passa

É muito fácil reconhecer as pessoas prósperas. Elas fazem a cama pela manhã, mantêm a mesa de trabalho em ordem e até mandam lavar o carro alugado. Elas fazem tudo isso não porque têm obrigação, mas porque querem viver num ambiente próspero.

Elas tratam o funcionário do pedágio, a garçonete e o caixa do supermercado com a mesma cortesia com que tratariam o presidente da República. Elas respeitam o próprio corpo e o tratam dessa maneira.

22

Quando você tem um sonho, a prosperidade se manifesta muito mais rápido

A prosperidade se manifesta primeiro na nossa cabeça. Você pode se deparar com algumas bênçãos, mas a prosperidade verdadeira e ilimitada só se manifesta depois que você sonhou com ela.

Depois que eu afixei na minha Colagem dos Sonhos imagens do que eu queria conquistar, demorou em torno de dois anos para que todas elas se manifestassem. Eu acredito piamente que, se não tivesse feito isso, eu demoraria pelo menos uns dez anos para conseguir os mesmos resultados.

Afirmações, cartões com listas de objetivos e outros artifícios que beneficiam e fortalecem o seu sonho dão o mesmo resultado. Você, na realidade, programa o seu subconsciente com o objetivo que quer atingir. E depois que algo é programado no subconsciente, ele simplesmente acontece.

Quando você tem um sonho, a prosperidade se manifesta muito mais rápido

23

A prosperidade não tem nenhuma relação com oportunidades, com o acaso ou com a sorte

O povo pensa que a prosperidade é resultado de oportunidades especiais, acontecimentos fortuitos ou golpes da sorte. Isso não deixa de ser verdade, mas só porque é você quem cria tudo isso.

Nem a educação, nem o treinamento, nem as habilidades que você tem são tão importantes quanto a sua consciência e as suas crenças, pois são elas que direcionam a sua educação, o seu treinamento e as suas habilidades.

24

A prosperidade não é abundância material. É um modo de pensar

Carros esportivos, mansões e fortunas em dinheiro não criam prosperidade. São sintomas dela. A verdadeira prosperidade está no modo de pensar da pessoa que possui tudo isso.

Do mesmo modo, a falta de dinheiro, de bens ou de outras coisas materiais não é sinônimo de pobreza. Essa falta é uma condição da situação de pobreza. A pobreza, em si, é simplesmente um modo de pensar.

25

A sua mente é um instrumento para criar pobreza ou prosperidade

Das duas uma: ou isso é a coisa mais apavorante que você já ouviu ou é a descoberta mais libertadora que você já fez. Fique com a última alternativa e você estará no caminho que leva à abundância.

Não há neste mundo duas pessoas que tenham visto o mesmo acontecimento da mesma maneira. Numa situação em que uma pessoa enxerga uma ameaça, outra enxerga uma oportunidade. Suponhamos que você tenha a oportunidade de fazer um bom negócio. Você poderia encarar essa oportunidade de várias maneiras diferentes.

Poderia mergulhar no escuro, sem fazer nenhuma pesquisa antes, só porque está fascinado com a idéia de ficar rico. Você poderia se meter numa enrascada e perder todo o dinheiro que investiu.

Em contrapartida, você poderia pressupor que já é tarde demais para aproveitar a oportunidade. Poderia imaginar que os profissionais mais experientes já tenham abocanhado a fatia maior do bolo ou que o negócio é bom demais para ser verdade. Então você perde a oportunidade de comprar ações da IBM no valor de dez dólares cada uma.

Mas existe ainda uma outra possibilidade. Você pode confiar em si mesmo, estudar a proposta e tomar uma decisão sensata. O modo como você se comporta numa situação como essa depende exclusivamente da sua mentalidade. Do que você espera da vida. De todos os instrumentos que você pode usar para manifestar a sua prosperidade, a sua mente é a mais poderosa.

26

O egoísmo é necessário para a verdadeira prosperidade

Na verdade, o egoísmo é uma prerrogativa moral. A maioria das pessoas lhe dirá que, segundo as regras de moral, não existe nada mais importante do que pôr os interesses da coletividade acima dos interesses individuais. Portanto, você tem de se sacrificar em nome do "bem maior".

Essa idéia é muito perigosa para a sua auto-estima, para a sua prosperidade e para a sua vida. Abrir mão da felicidade pelo bem de outras pessoas, conhecidas ou não, é uma prova, para si mesmo e para os outros, de que você não merece sequer a sua própria atenção. Essa é, na verdade, uma atitude nada humanitária, que só prejudicará a sua saúde mental.

A sua sobrevivência e a sua busca pela felicidade têm de ser os alicerces do seu sistema de valores.

Viva de acordo com os seus próprios meios, segundo os seus próprios padrões e tendo em vista o seu próprio prazer e alegria. Qualquer coisa que fique aquém disso, só vai fazer mal a você. E qualquer coisa que faça mal ao indivíduo também é prejudicial à sociedade como um todo.

27

As pessoas prósperas não têm obsessão por descontos, cupons e liquidações

As pessoas prósperas nunca têm medo de comprar as coisas pelo preço que elas realmente valem. Elas não deixam de fazer economia quando têm uma chance, mas não é com base nesse tipo de coisa que elas decidem se vão comprar algo ou não.

Em vez de exagerar nas táticas de negociação e na busca de cupons ou de tentar levar vantagem em tudo, elas preferem aproveitar o tempo que têm para criar mais valor, que se manifesta em forma de mais prosperidade.

28

Não existe um lugar neste mundo em que não exista prosperidade

As pessoas vêem bolsões de pobreza como favelas e cortiços e acham que falta prosperidade nesses lugares. Mas não é esse o caso. A prosperidade está no éter que nos cerca a todos em todo lugar, até nos locais em que a escassez parece palpável. Mas não é que não exista prosperidade nesses lugares; o que acontece é que o ser humano não a manifesta.

Os povos primitivos acreditavam que o Sol deixava a Terra todas as noites. Na realidade, é a Terra que gira e nos afasta do Sol. O mesmo acontece com a prosperidade. Ela nunca nos abandona, mas às vezes nós nos afastamos dela.

28

Não existe um lugar neste mundo em que não exista prosperidade

As pessoas vêem frequentemente a pobreza como inevitável e acham que a falta de prosperidade nesses lugares impera. Mas não é esse o caso. A prosperidade está no éter que nos rodeia a todos em todo lugar, até nos locais em que a ela a própria pareça palpável. Mas a razão é que não existe prosperidade nesses lugares, o que acontece é que o ser humano não a manifesta.

Os povos primitivos acreditavam que o Sol deixava a Terra todas as noites. Na realidade, é a Terra que gira e nos afasta do Sol. O mesmo acontece com a prosperidade. Ela nunca nos abandona, mas às vezes nós nos afastamos dela.

29

Manifestar prosperidade não é fazer julgamentos

Uma força igual mas contrária equilibra tudo no universo. Masculino e feminino, yin e yang, positivo e negativo. Todas essas transações se baseiam no princípio da troca ou, em outras palavras, no princípio em que todos ganham.

Quero deixar bem claro que eu uso o termo "negativo" apenas a título de ilustração. Na verdade, eu acho que a força que criou o universo é boa e positiva. As coisas classificadas como ruins ou negativas não são causadas por um Deus ou universo "ruim", mas pelas nossas reações a esse bem.

Se o pneu do seu carro furar no trajeto para o supermercado, você provavelmente vai achar que isso foi um azar. Mas o dono da borracharia (que está tentando mandar a filha para a faculdade), vai achar que foi um golpe de sorte.

Eu poderia considerar negativo o fato de os meus dentes serem tortos. Mas o dentista que pôs o aparelho nos meus dentes pode ter outro ponto de vista.

O inverno não é ruim nem o verão é bom. E a primavera também não tem de ser ruim para que o outono seja bom. Eles simplesmente são o que são. Nós é que precisamos de contrastes para que tudo ganhe significado. Portanto, o principal aqui não é filosofar sobre o que é bom ou ruim, ou se deixar enganar pelos rótulos. O importante é que você perceba que nada vem de graça; tudo é resultado de uma troca.

Tudo.

30

São as associações que você faz com o dinheiro que determinam se você o atrairá ou não

As pessoas sem um centavo no bolso têm uma energia e uma conotação negativas com relação ao dinheiro. Elas nunca se cansam de dizer o quanto são incapazes de fazer qualquer coisa que exija dinheiro.

As pessoas abastadas fazem associações muito positivas com relação ao dinheiro. Para elas, ele é sinônimo de liberdade, de alegria e de prazer.

As associações negativas que você faz com o dinheiro o afastam de você, enquanto as positivas o atraem.

31

Você não vai saber qual é a sua próxima tarefa na vida, enquanto não concluir a que tem no momento

E não só concluí-la como concluí-la corretamente, da melhor maneira possível. A vida de prosperidade consiste numa série de tarefas. Todas elas fazem você crescer, desenvolvem os seus talentos e expandem a sua consciência. Quando a sua consciência se desenvolve, o impacto que você exerce também aumenta. As suas responsabilidades aumentam, à medida que aumenta a sua capacidade de cumpri-las. Você começa a influenciar um número maior de pessoas, que atraem mais prosperidade para você.

32

As pessoas que têm consciência de prosperidade são ovelhas negras

Lamentavelmente, a maioria das massas em geral é doente, pobre e infeliz; e se arrasta pela vida em calado desespero. As pessoas se matam de trabalhar dia após dia, fazendo o que lhes ordenam ou que esperam que elas façam. Elas não sabem o que pensar. Há tanto tempo lhe dizem O QUE pensar, que elas não sabem mais COMO pensar. Se você quer ter sucesso –, precisa ser uma ovelha negra.

Mas, para ser uma ovelha negra, você precisa ter pensamento crítico, algo que os membros do rebanho ainda não têm. A maioria das pessoas ainda vive uma vida de desespero justamente porque não tem discernimento. Bill Gates só é milionário porque é capaz de perceber coisas que as outras não percebem.

Questione o que você ouve ou lê. Analise por que o rebanho pensa da maneira que pensa.

E pense de modo diferente!

33

A sua conta bancária cresce à medida que você cresce

À medida que você cresce, a sua consciência se desenvolve. Quando a sua consciência se expande, você atrai mais prosperidade. Não existem atalhos quando o assunto é prosperidade. Você precisa estar disposto a se desenvolver como pessoa para se tornar um homem ou uma mulher de fé e abençoado(a) com uma grande prosperidade.

34

O universo só pode fazer por você o que pode fazer através de você

Os quacres, membros de uma seita religiosa protestante inglesa, gostam de dizer, "Enquanto reza, mexa os pés". O universo providencia a luz para você, mas você ainda precisa apertar o interruptor. É muito bom planejar a prosperidade, mas ainda se trata apenas de um planejamento. Depois que planejar as suas afirmações, trace o seu plano de ação.

35

Falar da vida alheia provoca um karma negativo

Esse é um resultado da lei do vácuo para a prosperidade. Quando você fala da vida alheia, isso significa que você está assistindo com prazer às situações difíceis pelas quais os outros estão passando e acumulando para si um karma negativo por conta disso. Isso também vale para as ocasiões em que você vê programas de TV que se aproveitam da ignorância alheia para divertir o público.

36

Quando a vingança entra por uma porta, a prosperidade sai pela outra

As pessoas que encontram os maiores obstáculos à prosperidade são aquelas que cultivam ressentimentos, desejos de vingança ou sentimentos de dor. A prosperidade não pode existir num coração que alimenta esse tipo de coisa. Esses sentimentos negativos só machucam o coração da pessoa que os nutre e afastam a prosperidade.

Você precisa perdoar todas as pessoas que agiram mal com você. E tem de perdoar uma pessoa em especial: você mesmo. Se não perdoar a si mesmo, você não conseguirá aceitar a abundância.

30

37

O seu sonho nunca esteve tão perto de se concretizar!

Não existem coincidências na vida e não foi por acaso que você descobriu este livro sobre a prosperidade. Você é uma pessoa de visão, ou não teria chegado na última página. Você aprendeu como funcionam as leis da prosperidade e sabe que uma pessoa que tem um sonho grandioso consegue fazer com que o universo se curve à sua vontade.

Para manifestar uma grande prosperidade, você precisa aprender os segredos que a regem. E foi justamente isso o que você fez. Agora mãos à obra!